BEI GRIN MACHT SICH IHR WISSEN BEZAHLT

Unterrichtsvorbereitung für das 2. Staatsexamen Grundschule Deutsch

Thema der Unterrichtseinheit: Räuber gesucht. Wir schreiben Personenbeschreibungen

Tina Merten

Bibliografische Information der Deutschen Nationalbibliothek:

Die Deutsche Nationalbibliothek verzeichnet diese Publikation in der Deutschen Nationalbibliografie; detaillierte bibliografische Daten sind im Internet über http://dnb.d-nb.de abrufbar.

ISBN: 9783346578242
Dieses Buch ist auch als E-Book erhältlich.

Druck und Bindung: Books on Demand GmbH, Norderstedt Germany
Gedruckt auf säurefreiem Papier aus verantwortungsvollen Quellen

Das vorliegende Werk wurde sorgfältig erarbeitet. Dennoch übernehmen Autoren und Verlag für die Richtigkeit von Angaben, Hinweisen, Links und Ratschlägen sowie eventuelle Druckfehler keine Haftung.

Das Buch bei GRIN: https://www.grin.com/document/1168424

Schriftliche Unterrichtsvorbereitung zum
zweiten Staatsexamen im Fach Deutsch

Semester: Prüfungssemester   Portfoliotutor:

Unterrichtsfach: Deutsch   Datum: 2019
Lerngruppe: Zeit:
                                    Raum:
Klassenlehrerin: Mentorin:

Thema der Unterrichtseinheit:
Räuber gesucht: Wir schreiben Personenbeschreibungen.

Angestrebte Kompetenzen der Unterrichtseinheit:
Die Lernenden erweitern ihre schriftsprachliche Kompetenz, indem sie erste normgerechte Schreibweisen einer Personenbeschreibung ausführen. Sie bauen unter Anleitung Texte zu fiktiven Räuberfiguren aus Schreibhandlungen auf und beachten dabei die Textsortenmerkmale einer Personenbeschreibung.[1] Die SuS schulen ihre Teamfähigkeit, indem sie kooperativ arbeiten und bahnen eine wertschätzende und kriteriengeleitete Feedback-Kultur an.

Thema der Unterrichtsstunde:
Gesucht: Räuber an der Schule XY

Ziel der Unterrichtsstunde:
Sie knüpfen an ihr Vorwissen an und verfassen mithilfe erarbeiteter Kriterien eine Täterbeschreibung. Sie überprüfen und besprechen die Ergebnisse kooperativ mithilfe der Checkliste und den Visualisierungen.

---

[1] Vgl. Hessisches Kultusministerium (2011): Bildungsstandards und Inhaltsfelder. Das neue Kerncurriculum Hessen. Primarstufe. Deutsch. S. 18.

Inhaltsverzeichnis

1 Sachanalyse

1.1 Aufsatzform Beschreibung

Das *Beschreiben* zählt neben *Erzählen, Berichten und Argumentieren* zu den häufigsten Textmustern, die in den Schulen von Relevanz sind. Sie finden innerhalb des Aufsatzunterrichts statt, wobei unter einem Aufsatz ein „vom Schüler zu einem bestimmten Thema geschriebener Text, der bestimmten Anforderungen im Bezug auf Form, Stil und Inhalt unterliegt"[2], zu verstehen ist.[3]

Je nach Aufgabenstellung und Absicht dient der Prozess des Schreibaktes entweder der heuristischen Funktion der Sprache oder der kommunikativen Funktion der Sprache[4]. Die kommunikative Funktion führt mitunter dazu, dass der Schreiber „sprachlich wirksam handelnd in Geschehensabläufe eingreift"[5], wodurch der handlungsorientierte Aspekt der Sprache aufgegriffen wird. Dabei sollte das schriftliche Ergebnis „sach- und gegenstandsangemessen, inhaltlich umfassend, gedanklich geordnet, situationsangemessen und kommunikationsorientiert"[6] sein. Das Ziel des schriftlichen Beschreibens ist eine anschauliche, genaue Darstellung von Beobachtungen und Wahrnehmungen, um mit Worten „einen Eindruck von jemandem oder etwas"[7] zu vermitteln. Für eine sachgemäße Aufgabenbewältigung werden in der Grundschule hauptsächlich Personen, Figuren, Gegenstände oder Vorgänge beschrieben, da diese Bereiche nicht zu komplex sind und in einen funktionalen sowie motivationalen Kontext eingebettet werden können.[8]

1.2 Die Personenbeschreibung

Bei der Personenbeschreibung gilt es eine Person oder Figur möglichst exakt darzustellen, beispielsweise zur Vorstellung des Selbst, als Beschreibung einer literarischen Figur oder Täterbeschreibung, damit der Adressat/Leser die Informationen nachvollziehen kann.

---

[2]Fix, Martin (2008): Texte schreiben. Schreibprozesse im Deutschunterricht. Paderborn: Schöningh Verlag. S. 90.

[3]Vgl. Ebd. S. 90f

[4]Die heuristischen Funktion von Sprache ist die Schaffung von Klarheit für sich selbst, während die kommunikative Funktion meint, dass der Schreiber andere unterhält, Informationen herausarbeitet, diese weitergibt, eine Position einnimmt oder an diese appelliert.

[5]Beck, O./Hofen, N. (2003): Aufsatzunterricht Grundschule: konkret. Baltmannsweiler: Schneider Verlag. S. 6.

[6]Ebd.

[7]Payrhuber, Franz-Josef (2009): Schreiben lernen. Texte verfassen in der Grundschule. In: Lange, G./Ziesenis, W. (Hrsg.): Deutschdidaktik aktuell. Band 3. Baltmannsweiler: Schneider Verlag Hohengehren. S. 73.

[8]Vgl. Ebd.

Zu den entsprechenden Textsortenmerkmalen gehören die Zeitform Präsens für das räumliche Nebeneinander, treffende Adjektive und Verben, die Verwendung von adressatengerechter und sachlicher Fachsprache sowie eine geordnete Strukturierung des Textes bzw. ein Anordnungsmuster, beispielsweise nach dem *Top-Down-* oder *Bottom-up-Schema* (vom Allgemeinen zum Speziellen oder vom Hervorstechendem zum Unscheinbaren).[9]

2 Kompetenzeinschätzung

2.1 Lernausgangslage

Bei der Lerngruppe 4X handelt es sich um ein viertes Schuljahr bestehend aus dreizehn Mädchen und neun Jungen im Alter von 9 bis 12 Jahren ...

2.2 Fachliche Kompetenzeinschätzung

Die vorliegende Kompetenzeinschätzung beruht auf den Beobachtungen der LiV, ihrer Mentorin und der Schreibprodukte, die im Verlauf des vierten Schuljahres entstanden sind. Im Bezug auf das fachliche Ziel der Unterrichtseinheit und -stunde liegt der Fokus auf dem Kompetenzbereich „Texte allein und mit anderen planen, schreiben und überarbeiten"[10]. Im dritten Schuljahr fand im Rahmen der Aufsatzerziehung mit Bildergeschichten eine grundsätzliche Vermittlung des Aufbaus von Schreibprodukten statt. Außerdem fand zu Beginn des Schuljahres ein regelmäßiger kriterienorientierter Briefaustausch mit dem Schulgespenst Hugo statt. Das Schreiben, Lesen sowie der Umgang mit literarischen Produkten bereitet vielen SuS der Klasse Freude, jedoch bewegt sich die Lerngruppe auf einem sehr heterogenem Niveau (Kompetenzeinschätzung siehe Anhang A3).

In der siebten Unterrichtssequenz rund um Hugo, das Schulgespenst, und seine Täterdarstellungen, wird an die SuS der Anspruch gestellt, den Brief zu lesen und ihm Informationen zu entnehmen, um die Intention und den Schreibauftrag von Hugo zu verstehen. Auf Basis dieser Kernaspekte und der bereits erlernten formalen Merkmalen von Personenbeschreibungen knüpfen die SuS an ihr Vorwissen an und verfassen mithilfe bereits erarbeiteter Kriterien in Form einer Checkliste sowie den visuellen Darstellungen der Diebe, eine Täterbeschreibung. Hier befinden sich die SuS XXX auf dem Expertenstandard, indem sie Texte kriterienorientiert verfassen und selbstständig mithilfe der Checkliste überprüfen können. Diese Gruppierung verfügt über einen ausreichenden Wortschatz, um treffende Adjektive für die Beschreibung von Personen zu formulieren und Texte anschaulich

---

[9]Vgl. Ebd. S. 99ff.
[10]Hessisches Kultusministerium (2011): Kerncurriculum Deutsch Primarstufe. S. 18.

darzustellen. Die Lernenden **XXX** sind ebenfalls in der Lage Schreibhandlungen auf Basis von Textsortenmerkmalen aufzubauen, wenn sie dabei auf einen vielfältigen Wortspeicher und eine Checkliste zurückgreifen können. Eine Überprüfung des Schreibproduktes können die Kinder dieser Niveaustufe angeleitet, mit Hilfestellung und kooperativ durchführen. Auf dem Mindeststandard befinden sich die SuS XXX indem sie Texte unter der Berücksichtigung von übergeordneten Textsortenmerkmalen verfassen können. Hierzu benötigen sie Wortgerüste sowie viele strukturgebende Hilfestellungen. Hervorzuheben ist an diese Stelle, dass **XXX** aufgrund ihrer diagnostizierten Lese-Rechschreib-Schwäche sprachliche Hilfestellungen erhält, da ihre Schwäche vor allem beim Verfassen von freien Texten zum Tragen kommt.

Im Anschluss an den Schreibauftrag überprüfen und besprechen die Lernenden ihre Ergebnisse kooperativ und mithilfe der Checklisten und Visualisierungen. Zudem sind sie dazu aufgefordert in Partnerarbeit beziehungsweise im Plenum den Mitschülerinnen und Mitschülern „aufmerksam zuzuhören, sich in Kommunikationssituationen verständlich auszudrücken und sich konstruktiv an Gesprächen zu beteiligen."[11].

Die Schülerinnen **XXX** sind sogenannte Seiteneinsteigerinnen und besuchen die Schule seit dem dritten Schuljahr. Sie machen schnell Fortschritte und lernen täglich mehr deutsche Wörter kennen, sprechen und schreiben, sodass sie einen reduzierten Schreibauftrag zum Thema Personenbeschreibungen mit Fokus auf treffenden Adjektiven bewältigen können. Die Schülerin **XXX** hat den Förderschwerpunkt Lernen sowie einen DaZ-Hintergrund und wird nicht lernzielgleich unterrichtet, sondern befindet sich im Bereich des Leseerwerbs und Wortschatzaufbaus.

2.3 Überfachliche Kompetenzeinschätzung

Die geplante Unterrichtsstunde spricht ebenso eine Vielzahl von überfachlichen Kompetenzen an. Während des Vergleichs der Arbeitsergebnisse stehen Aspekte der Sozialkompetenz wie Rücksichtnahme und Teamfähigkeit im Fokus.[12] Dabei zeigen sich SuS wie XXX bereits sehr sicher im Umgang mit Gesprächsregeln und Feedbackregeln, während diese von den SuS XXX noch nicht immer eingehalten werden. Besonders die gegenseitige Rücksichtnahme und ein respektvoller Umgang fällt den Kindern XXX noch recht schwer.

Weil sich das soziale Gefüge der Klasse schon seit der Einschulung als durchwachsen erwies, wurde schon früh mit Partnerarbeit und Kooperationsspielen gearbeitet. Auch im Deutschunterricht lassen sich bezüglich der Entwicklung der kooperativen Kompetenz, welche eine Teilkompetenz der Sozialkompetenz darstellt, Erfolge erkennen. Zunächst fand

---

[11]Hessisches Kultusministerium (2011): Kerncurriculum Deutsch Primarstufe. S. 10
[12]Vgl. Ebd. S. 10

Partnerarbeit mit dem Sitznachbarn entsprechend einer durchdachten Sitzordnung statt, um die SuS schrittweise an kooperatives Lernen heranzuführen. Die zufällig entstehende Partnerarbeit mittels der Haltestelle entsprechend ihres Lerntempos stellt somit für die Kinder XXX eine Herausforderung dar, weshalb die Kinder durch die vorgegebene Checkliste und die Lehrkraft unterstützt werden. Auch das Helfersystem mithilfe von heterogenen Konstellationen fördert das Miteinander innerhalb der Lerngruppe sowie die Reflexion des eigenen Lernprozesses und spricht somit sowohl die Sozial- als auch Personalkompetenz an (siehe A4).

Vor allem X fällt gegenseitige Rücksichtnahme und die Einhaltung von Klassenregeln schwer. Dies zeigt sich im sozialen Bereich durch Störungen im Unterricht wie Unterbrechen von Mitschülern, Reinrufen von Lösungen und lauten Geräusche. Besonders in emotional herausfordernden Situationen reagiert er oftmals mit Beleidigungen, Flucht oder Einigelung. Eine Zusammenarbeit mit einzelnen Mitschülerinnen und Mitschülern lehnt er von vorneherein ab und äußert sich dementsprechend abfällig. Deshalb wird die LiV bei der Haltestelle zur Partnerarbeit gegebenenfalls eingreifen, um allen SuS eine angenehme Arbeitsatmosphäre zu ermöglichen. X ist in der Lage, die Lernaufgaben des Unterrichts sehr gut zu bewältigen, wenn er an diesem Tag seine Motivation und Emotionen beherrscht. Je nach seinem Zustand neigt er dazu, Arbeitsaufträge zu schnell und flüchtig durchzuführen oder ganz zu verweigern. Des weiteren werden in der Unterrichtssequenz Teilkompetenzen der Lernkompetenz eingefordert, indem die SuS ihre Arbeit planen, durchführen sowie hierfür verfügbare Informationen aus den Täterdarstellungen und Tipps auf dem Lernplakat/im Heft nutzen.[13]

3 Didaktische Überlegungen

3.1 Begründung des Unterrichtsgegenstandes

Bereits bei Schuleintritt verfügen die Kinder über verschiedene Sprachfunktionen und Ausdrucksweisen, die ihr Sprachverhalten bestimmen. So sind Grundschülerinnen und -schüler bereits im ersten Schuljahr, wenn auch mit erheblichen Unterschieden, in der Lage, zu berichten, zu erzählen oder auch zu beschreiben. An diesen Grundvoraussetzungen knüpft die Schule an, um im Laufe der Grundschulzeit einen bewussten Gebrauch der verschiedenen Sprachfunktionen und ihren jeweiligen Textformen anbahnen. Dadurch sollen die Kinder lernen, sich in verschiedenen Situationen sach- und adressatenbezogen zu verständigen, was für viele weitere Lebensbereiche von Relevanz ist.[14]

---

[13]Vgl. Ebd. S. 10.
[14]Vgl. Beck, O./Hofen, N. (2003): Aufsatzunterricht Grundschule: konkret. Baltmannsweiler: Schneider. S. 75.

Die hessischen Bildungsstandards für Deutsch fordern das Planen und Verfassen von Texten unter der Berücksichtigung von Textsortenmerkmalen sowie die kriterienorientierte Überprüfung und gegebenenfalls Veränderung dieser.[15]

Im Rahmen dieses Handlungsbereichs „Texte allein und mit anderen planen, schreiben und überarbeiten"[16] lernen die SuS unter anderem, sich sowohl auf schriftlicher als auch mündlicher Ebene sachbezogen zu verständigen. Dabei sollen die Lernenden nicht nur verschiedene Gesprächs- und Textformen wie Beschreibungen kennenlernen, sondern sie auch selbst anwenden. In Abgrenzung zur traditionellen Aufsatzerziehung ergibt sich, die Sprachhandlung *Beschreiben* als Unterrichtsgegenstand. Dabei gilt es die Sprachhandlung in eine motivierende Kommunikationssituation zu integrieren, in der „die Intentionen der Verfasser, die Situationsbedingungen und der Adressatenbezug eine Rolle spielen"[17].[18]

Aus diesem Grund werden die SuS in der geplanten Stunde üben, auf schriftlicher Ebene eine spezifische Sprachfunktion, das Beschreiben, anzuwenden. Sie wird beim Beschreiben eines verlorenen Gegenstandes, eines entlaufenen Tieres oder einer Person benötigt und ist somit für das gegenwärtige und zukünftige Leben der SuS von Bedeutung.[19]

Im Sinne des Spiralcurriculums fand bereits im Rahmen des handlungs- und produktionsorientierten Literaturunterricht der dritten Klasse eine Beschreibung der literarischen Figuren *der Zugmaus* [20] aus der Ich-Perspektive statt, jedoch ohne die Berücksichtigung formaler und textsortenspezifischer Kriterien. Darüber hinaus wohnt dem Beschreiben von Personen ein motivationaler Charakter inne, der auch in vielen Gesellschaftsspielen auftaucht und sich zur Förderung von Mündlichkeit, Schriftlichkeit und kooperativen Fähigkeiten anbietet.

3.2 Didaktische Reduktion

Die Einheit greift Elemente der prozessorientierten Unterrichtsplanung nach Martin Fix auf, indem die Komplexität des Schreibprozesses in überschaubare Stufen unterteilt wird und eine Konzentration auf die Schreibfunktion, Leser- und Normorientierung zulässt.[21]

---

[15]Vgl. Hessisches Kultusministerium (2011): Kerncurriculum Deutsch Primarstufe. S. 18f.
[16]Ebd. S. 18.
[17]Payrhuber, Franz-Josef (2009): Schreiben lernen. Texte verfassen in der Grundschule. Baltmannsweiler: Schneider. S. 54.
[18]Vgl. Payrhuber, F. (2009): Schreiben lernen. Texte verfassen in der Grundschule. Baltmannsweiler: Schneider. S. 54.
[19]Vgl. Krafft, K./Rahm, A. (2003): Aufsatzunterricht Grundschule: konkret. Baltmannsweiler: Schneider Verlag Hohengehren. S. 90.
[20]Die Zugmaus von Uwe Timm ist ein kinderliterarischer Klassiker, welcher als Ganzschrift von der Lerngruppe im Jahrgang drei gelesen wurde.
[21]Vgl. Fix, Martin (2008): Texte schreiben. Paderborn: Schönigh. S. 138f.

Die Schreibsituation, welche in der geplanten Stunde durch den Briefinhalt erzeugt wird, regt und leitet die SuS dazu an, einen abgebildeten Täter zu beschreiben, wobei sie die bereits im Vorfeld erarbeiteten Kriterien und Wortspeicher berücksichtigen.

Da bei Fotografien die einzelnen menschlichen Merkmale häufig nicht so deutlich zu Tage treten, fiel die Wahl, den Kindern karikierte Personenbilder (siehe A4) an die Hand zu geben. Dadurch konnten entsprechende Hervorhebungen vorgenommen werden, die den Personen einen hohen Erkennungswert verleihen und den Kindern das Beschreiben erleichtern. Außerdem wird durch die gezeichneten Täter vermieden, dass die SuS womöglich Angst haben, diesen im realen Leben zu begegnen. Zudem sind die Täterdarstellungen lediglich mit Gesicht und Oberkörper abgebildet, damit die SuS sich innerhalb der gestellten Lernaufgabe auf diesen Bereich (anstatt auf den ganzen Körper) konzentrieren können und anhand dessen das sorgfältige, detaillierte Beschreiben üben.[22]

3.3 Differenzierung und Individualisierung

Damit alle Kinder das vorgesehene Lernziel erreichen, ist es sinnvoll einen sprachsensiblen und kriteriengeleiteten Zugang zu wählen. Zur Orientierung und Verschriftlichung erarbeiteter Merkmale und Tipps zum Schreiben von Personenbeschreibungen dient ein mitwachsendes Lernplakat (siehe A4), ein Wortspeicher für alle (siehe A4) sowie ein individueller thematischer Wortspeicher im spezifischen Lernhefter. Das Lernplakat und der Lernhefter verschriftlichen die gemeinsam erarbeiteten Kriterien kindgerecht in Form von Tipps und einer Checkliste und dienen den Lernenden als Hilfestellung des Schreib- und Reflexionsprozesses. Laut Martin Fix zählen zu den spezifischen Textsortenmerkmalen einer (Personen-)Beschreibung folgende Kernaspekte: Sachlich, informierende Darstellung, Anschaulichkeit, übersichtliche Reihenfolge, Gliederung nach kategorischen oder sensorischen Merkmalen, Zeitform Präsens, exakte Wortwahl mit treffenden Attributen und Fachbegriffen. [23] Die daraus abgeleitete Checkliste und der formale Aufbau einer Personenbeschreibung lassen sich sowohl der didaktischen Reduktion als auch der individuellen Anpassung des Lerngegenstands auf den jeweiligen Lernenden zuordnen. Kinder des Expertenstandards überprüfen zusätzlich zu ihrer Checkliste auch ihre Rechtschreibung mithilfe der Rechtschreibstrategien, während SuS des Mindeststandards sich die vier Hauptkriterien der Checkliste zur Fokussierung markiert haben (siehe A4).

---

[22]Vgl. Bartznitzky, Horst (2000): Sprachunterricht heute. Sprachdidaktik, Unterrichtsbeispiele, Planungsmodelle. Berlin: Cornelsen Verlag. S. 70ff.
[23]Vgl. Fix, Martin (2008): Texte schreiben. Paderborn: Schönigh. S. 106ff.

Der themenspezifische Lernhefter komprimiert die Inhalte der Unterrichtseinheit und verdeutlicht den individuellen Lernzuwachs der SuS. Josipa und Noor haben einen weniger textlastigen Hefter angelegt, welcher einfacher strukturiert ist und ihren Kompetenzen entspricht. Vor allem für die Kinder mit DaZ-Hintergrund stellt die Wortschatzarbeit mithilfe der Wortspeicher eine Förderung auf sprachlicher Ebene dar.[24]

Im Mittelpunkt der Unterrichtsstunde steht das kriteriengeleitete Entwerfen einer Personenbeschreibung, um Hugo bei Tätersuche zu helfen. Dabei erhalten die Lernenden entsprechend ihrer Kompetenzeinschätzung im Bereich Schreiben den Arbeitsauftrag eine Täterbeschreibung zu einem ausgewählten Täter zu verfassen. Die zugeteilten Schreibaufträge unterscheiden sich in der Komplexität und in unterstützenden Satz- und Inhaltsstrukturen sowie Visualisierungen, um mögliche Über- oder Unterforderungen vorzubeugen. Zur Differenzierung erhalten schwächere SuS Tipps fürs Schreiben in ihrem Briefumschlag, welche Adjektive, Nomen und Strukturhilfen beinhalten (Mindeststandard). Stärkere SuS (Expertenstandard) erhalten neben dem Schreibauftrag auch den Auftrag zur Rechtschreibkontrolle mithilfe der Fresch-Strategien[25] oder dem Wörterbuch. Sollte die LiV bei SuS Schwierigkeiten feststellen, wird sie zur Einbindung der Hilfsmittel animieren.

Aufgrund der Defizite auf sprachlicher Ebene ist es den Seiteneinsteigerinnen sowie X mit Förderschwerpunkt Lernen noch nicht möglich den gleichen Schreibauftrag zu bewältigen. X erhalten ebenfalls ein Arbeitsblatt, auf dem ein Täter mit passenden Adjektiven beschrieben wird. X erweitern ihren Wortschatz themenspezifisch und hat die Möglichkeit, ihre Lesekompetenz mithilfe eines Lesemaltextes zu vertiefen. In Kooperation mit der zuständigen Förderschullehrerin Frau X entstand für X ein Lernhefter, welcher sich mit der Beschreibung und Wahrnehmung des Ichs beschäftigt sowie den Wortschatz im Hinblick auf beschreibende Adjektive und äußere Merkmale (Körper, Gesicht, Klamotten) erweitert.[26] Da X derzeit krankheitsbedingt oft fehlt und ihren Wortschatz bezüglich Personenbeschreibung kaum erweitern konnte, wird sie gegebenenfalls mithilfe von Audioaufnahmen ihr Arbeitsblatt bewältigen. Darüber hinaus stehen den Lernenden einige kooperative Übungen und Spiele zur Personenbeschreibung und Verwendung treffender Adjektive an der Deutsch-Theke zu Verfügung.

---

[24]Vgl. Leisen, Josef (2013): Sprachsensibler Fachunterricht im Fach. Praxismaterialien. Stuttgart: Klett Verlag. S. 12.
[25]Fresch-Strategien sind Rechtschreibstrategien, welche im Lehrwerk Jojo sowie im Verlauf des Schuljahres zur Verbesserung der Rechtschreibung der Lernenden vertieft wurden.
[26]Vgl. Rosendahl, Julia (2014): So bin ich – einfach einmalig! Sonderpädagogische Förderung Klasse 1-4. Hamburg: Persen Verlag.

4 Methodische und mediale Überlegungen

Beschreiben ist eine lebenspraktische Darstellungsweise, die bereits für Grundschulkinder vielfältige Anwendungsmöglichkeiten bietet. Für die Unterrichtssituation gilt dabei, den Kindern eine Schreibintention zu bieten, so dass sie ein konkretes Ziel mit ihrem Schreiben verbinden. Diese Zielperspektive führt dazu, dass die Kinder geforderte Ansprüche wie z.b. sprachliche Klarheit und formale Gestaltung umsetzen wollen und die Motivation entwickeln, sich der Anstrengung einer guten Textplanung und -produktion zu stellen.[27]

Aus diesem Grund wird in der geplanten Einheit durch den Brief des bekannten Briefpartners Hugo, das Schulgespenst, eine Schreibbegründung geliefert, die sie nicht nur zum Schreiben motivieren, sondern auch den Sinn des Schreibens verdeutlichen soll. Die Wahl des Themas rund um Personenbeschreibungen wird darüber hinaus mit vorangegangenen Einheiten verknüpft, indem Märchenfiguren sowie der jüngst absolvierte Fahrradführerschein der Jugendverkehrserziehung aufgegriffen werden. Auch eine Weiterarbeit mit der Beschreibung in den folgenden Einheiten *Zeitungsforscher* und *Lesedetektive* ist geplant.

Die Unterrichtseinheit und -stunde wird von der Suche nach Verbrechern aus Märchen, den Vorstellungen der Kinder und Hugos Brief begleitet, was für Spannung sorgt und Interesse wecken soll. Mittels der bekannten Schatztruhe als Briefportal zu Hugo zieht sich auch der Spannungsbogen durch die geplante Sequenz, da der schriftliche Kontakt über diese stattfindet. Sollte das Smartboard der Lerngruppe an diesem Tag funktionieren, wird es zur anschaulichen Darstellung der Stundentransparenz für alle Kinder eingebunden.

Der Verlauf der Einheit orientiert sich am Prozessmodell und dem *schreibdidaktischen Planungsschema* nach Martin Fix, sodass in der Vorbereitungsphase mithilfe eines märchenhaften narrativen Einstiegs und Visualisierungen das Vorwissen sowie Ideen der Kinder entfaltet wurden. Es folgte die Entwurfsphase mit individuellen Steckbriefen und ersten Täterbeschreibungen ohne normative Vorgaben, dafür mit Fokussierung auf den Textinhalt und -zweck der genauen Beschreibung. In der Überarbeitungsphase wenden die Lernenden teils kooperativ Kriterien an, erhalten Rückmeldung zu ihren Entwürfen und überarbeiten diese, um eine zunehmende Leser- und Normorientierung zu gewähren.[28] Dieser Prozess wiederholt sich innerhalb der Einheit, um verschiedene Täter-/Personenvorlagen zu integrieren, größere Schreibvorhaben zu ermöglichen und die Produktion von Briefen mit der Rezeption zu verbinden.[29]

---

[27]Vgl. Bartznitzky, Horst (2000): Sprachunterricht heute. Berlin: Cornelsen. S. 70ff.
[28]Vgl. Fix, Martin (2008): Texte schreiben. Paderborn: Schönigh. S. 140.
[29]Vgl. Spitta, Gudrun (1988): Kinder schreiben eigene Texte. Berlin: Cornelsen. S. 37ff.

Während sich für das Verfassen von Personenbeschreibungen aufgrund der hohen Konzentration und Schreibleistung die Einzelarbeit anbietet, so kann die Anschlusskommunikation mittels der Haltestellen-Methode die Auseinandersetzung mit Personenbeschreibungen vertiefen und reflektiert das Schreibprodukt kriteriengeleitet mittels der Checkliste, welche die SuS im Verlauf der Einheit in ihrem Themenhefter erarbeitet haben. Die Haltestelle lehnt sich an das *Ich-Du-Wir-Prinzip* an, welches im dritten Schuljahr als Methode des kooperativen Lernens eingeführt wurde, um die Partnerarbeit innerhalb der Lerngruppe zu verbessern. Die Lernenden haben zunächst Zeit, eigenständig ihre Aufgabe zu bewältigen (Ich-Phase) und anschließend in einem Lerntempoduett zu besprechen (Du-Phase). Hier müssen introvertierte oder unsichere SuS ihre Ergebnisse nicht unmittelbar vor der gesamten Klasse präsentieren. Für das Ziel der Stunde ist es nicht notwendig, dass alle Kinder die Du-Phase erreichen. Eine Fortführung in der kommenden Stunde ist denkbar.[30] Die anfängliche überfachliche Fokussierung auf ausgewählte Operatoren sowie eine überfachliche Differenzierung für ein geregeltes Abwechseln, Einigen und gegenseitiges Zuhören sind mittlerweile nicht mehr von Nöten. Außerdem steht die Lehrkraft zur Hilfestellung bereit, um für alle SuS eine angenehme Lernatmosphäre zu schaffen und ggf. zu intervenieren. Die SuS erhalten während der Arbeitsphase individuell und nonverbal Rückmeldung von der LiV über das ritualisierte Smiley-Syste.

Auch das Helfersystem *Helfende Hände* wurde zur kooperativen Unterstützung im vierten Jahrgang gemeinschaftlich mit den Kindern der Lerngruppe entwickelt. In jeder Einheit haben die Lernenden hier die Möglichkeit ihren Lernzuwachs darzustellen und sich im Bereich Forscher oder Experten einzuordnen. Dabei dürfen die Kinder ihre Hand individuell und selbstständig platzieren und werden von der LiV gegebenenfalls auf Begründungen oder Fehleinschätzungen hingewiesen. Ist ein Kind bei den Experten, so traut es sich zu, seinen Mitschülerinnen und Mitschülern bei eventuellen Fragen zur Seite zu stehen. Diese Methode fördert die Sozialkompetenz der SuS durch gegenseitige Unterstützung als auch die Personalkompetenz in Form der groben Selbsteinschätzung (siehe A4).

Das akustische Klatschzeichen am Ende einer Arbeitsphase ist ritualisiert und stellt ebenso durch das Verschränken den Arbeitsstopp sicher. Für eine Zusammenkunft während der Reflexion dient der Kinositz. Die Lernenden geben sich hier mithilfe des Feedbackburgers kriteriengeleitet Rückmeldung zu ihren Schreibprodukten geben. Diese visualisierte und verbalisierte Form des Feedbacks verpackt Verbesserungsvorschläge zwischen effektives Lob und motiviert die Lernenden zur Weiterarbeit.[31]

---

[30] Vgl. Mattes, Wolfgang (2011): Methoden für den Unterricht. Kompakte Übersichten für Lehrende und Lernende. Paderborn: Schöningh Verlag. S. 22f.
[31] Vgl. Lohmann, Gerd ((2015): Mit Schülern klarkommen. Professioneller Umgang mit Unterrichtsstörungen und Disziplinkonflikten. Berlin: Cornelsen Verlag. S. 108ff.

Auch in der anschließenden Reflexionsphase haben alle SuS die Möglichkeit sich visuell und verbal zum persönlichen Gelingen der Lernaufgabe zu äußern. Sie schätzen ihre stundenbezogenen Stärken, Schwächen oder Fragen mittels Feder/Stein/Fragezeichen und einer Begründung ein. Zur überfachlichen Differenzierung und als Formulierungshilfe liegen Reflexionskarten bereit. Diese Formen der Reflexion fördern die Selbst- und Partnerevaluation und stellen eine Möglichkeit der Schülerbefragung dar.[32]

---

[32]Vgl. Wilkening, Monika (2013): Selbst- und Partnerevaluation unter Schülern. Lernwege individualisieren und Kompetenzen steigern. Weinheim und Basel. Weinheim/Basel: Beltz Verlag. S. 28.

5 Anhang

A1 Überblick über die Unterrichtseinheit

Unterrichts-sequenz	Inhaltsebene	Kompetenzanforderung der Sequenz	Phase im Prozessmodell
1	„Die Bremer Stadtmusikanten treffen den Räuber" → Wir tauchen in die Geschichte der Bremer Stadtmusikanten ein und stellen uns die Räuber vor.	Die SuS aktivieren ihr Vorwissen zu den Bremer Stadtmusikanten und stimmen sich thematisch auf die Auseinandersetzung mit Beschreibungen ein, indem sie den Räuber visualisieren und ihre Darstellungen vergleichen. Hierzu beschreiben sie ihre individuellen Räuber mündlich mithilfe von passenden Nomen und Adjektiven.	Lernen vorbereiten und initiieren Lernwege eröffnen und gestalten
2	„Der Steckbrief des Räubers" → Wie sieht der Räuber aus? Wir erarbeiten Bausteine eines Steckbriefes und suchen die passenden Räuber.	Die Lernenden sortieren die verwendeten Nomen und Adjektive sinnvoll und leiten Bausteine für einen Such-Steckbrief ab. Sie erstellen einen individuellen Steckbrief für ihren Räuber unter Berücksichtigung der erarbeiteten Kriterien und ordnen kooperativ die Steckbriefe den Darstellungen zu. Die SuS folgern die Notwendigkeit einer detaillierten Beschreibung des Räubers für die korrekte Zuordnung mit dem passenden Bild.	Lernwege eröffnen und gestalten
3	„Wortspeicher für Personen" → Wie beschreibe ich eine Person? Wir sammeln passende Merkmale für Personen und treffende Adjektive.	Sie bezeichnen die formalen Kriterien des Beschreibens von Personen und legen einen individuellen Wortspeicher an. Die SuS zählen treffende Wörter für die Bereiche (Geschlecht, Alter, Körperbau, Gesicht, Frisur, Kleidung, besondere Merkmale) auf und wenden diese spielerisch sowie kooperativ an.	Lernwege eröffnen und gestalten
4	„Aufbau einer Personenbeschreibung"	Die SuS untersuchen mehrere Personenbeschreibungen und verbessern diese. Sie leiten Kriterien zum formalen Aufbau sowie	Lernwege eröffnen und gestalten

13

	→ Wir erstellen eine Checkliste für Personenbeschre bungen.	stilistischen Merkmalen von Personenbeschreibungen für eine Checkliste für Personenbeschreibungen ab.	Orientierung geben und erhalten
5	„Der Bremer Räuber" → Wir helfen den Bremer Stadtmusikanten, indem wir eine Personenbeschreibung des Räubers schreiben und dabei die Kriterien beachten.	Die SuS wenden die erlernten Kriterien in einer Personenbeschreibung des Bremer Räubers an. Sie überprüfen die Beschreibungen in Kleingruppen mithilfe ihrer Checklisten. In Form einer Schreibkonferenz formulieren die SuS gegenseitig kriterienorientiertes Feedback zu ihren Personenbeschreibungen.	
6	„Verschiedene Täterbeschreibungen aus der Zeitung" → Wie sieht eine Täterbeschreibung aus und was muss ich berücksichtigen?	Die SuS lesen verschiedene Täterbeschreibungen sowie eine Fahrradsuchanzeige und ordnen diese nach ihren Merkmalen, Unterschieden und Gemeinsamkeiten. Sie erweitern ihren thematischen Wortspeicher und folgern die Intention, den Empfänger und den Aufbau von Täterbeschreibungen.	Kompetenzen stärken und erweitern
7	„Gesucht: Räuber an der Hebbelschule" → Wir helfen Hugo bei der Täterbeschreibung der Fahrraddiebe.	Sie knüpfen an ihr Vorwissen an und verfassen mithilfe erarbeiteter Kriterien eine Täterbeschreibung. Sie überprüfen und besprechen die Ergebnisse kooperativ mithilfe der Checkliste und den Visualisierungen.	Kompetenzen stärken und erweitern
8	„WANTED: Hilfe für Hugo" → Wir überprüfen und überarbeiten unsere Täterbeschreibungen und erstellen Plakate.	Die SuS überarbeiten ihre Schreibprodukte anhand eines Kriterienkataloges und prüfen sie in Partnerarbeit auf Rechtschreibfehler. Mittels einer Lesestraße wählen die SuS die Ergebnisse aus, welche im Schulhaus ausgehängt werden. Sie schreiben ihre Texte ins Reine und erstellen kooperativ Suchplakate.	Kompetenzen stärken und erweitern
9	„Fall gelöst: Ein Dankeschön von Hugo"	Die SuS wenden ihre erworbenen Kenntnisse und Fähigkeiten zu	Lernen bilanzieren und

→ Wir erhalten einen Brief von Hugo, denn mithilfe unserer Plakate konnten die Fahrraddiebe geschnappt werden.	Personenbeschreibungen in der Klassenarbeit an, in der sie einen karikierten Räuber möglichst genau beschreiben.	reflektieren

A2 Tabellarische Verlaufsplanung

Zeit	Phase	Unterrichtsgeschehen	Sozialform/Medien/Material
10:00 3 Min.	Einstieg	Die LiV begrüßt die SuS ritualisiert. Die SuS erhalten einen Brief von Hugo, dem Schulgespenst in der Briefbox. Ein SuS liest den Brief laut vor und gibt den Inhalt des Briefes in den eigenen Worten wieder. Im Zuge dessen wird der Arbeitsauftrag genannt.	Plenum Brief von Hugo, Schatzkiste
10:03 7 Min.	Hinführung	Die LiV lässt den Stundenverlauf vorstellen und verortet die Stunde in der Thementransparenz. Die SuS wiederholen die Textmerkmale einer Personenbeschreibung. Die LiV erläutert grob den differenzierten Arbeitsauftrag und teilt den SuS ihren individuellen Schreibauftrag von Hugo aus. Sie verweist auf den erarbeiteten Wortspeicher und das Lernplakat und die helfenden Hände.	Plenum Tafel/Smartboard, Thementransparenz, differenzierte Schreibaufträge, Smiley-Ampel, Wortspeicher, Lernplakat, Helfende Hände
10:10 20 Min.	Arbeitsphase	Die SuS schreiben eine Personenbeschreibung passend zu der ausgeteilten Figur. Sie verwenden ihre Checkliste und den individuellen Wortspeicher als Hilfestellung. Die LiV sowie die Experten für Personenbeschreibungen stehen unterstützend zur Seite. Schnelle SuS treffen sich an der Haltestelle und tauschen die Personenbeschreibungen aus. Sie erraten die zu beschreibende Figur des Partners. Sind sie damit fertig, so besprechen sie ihre	Einzelarbeit, Partnerarbeit Lernplakat, Hefter mit Checkliste/Tipps/Wortspeicher,

		Personenbeschreibungen und geben sich anhand der Checkliste Feedback. X bearbeiten ihre differenzierte Personenbeschreibung mit dem Schwerpunkt auf treffenden Adjektiven und vergleichen ihre Ergebnisse im Anschluss. X arbeitet in ihrem individuellen Hefter zur Thematik. Sie dürfen danach kooperativ ein Memory zur Vertiefung von Adjektiven, die zur Personenbeschreibung genutzt werden, spielen. Als zusätzliche Differenzierung für schnelle SuS steht den Lernenden verschiedenes Freiarbeitsmaterial zum Thema Personenbeschreibung zu Verfügung.	Briefumschläge mit differenziertem Arbeitsauftrag, Wortspeicherplakat, Bushaltestelle, Smiley-Ampel, Räuberbilder, Helfende Hände, Memory-Spiel Adjektive
10:30 13 Min.	Präsentation, Reflexion	Die LiV holt die SuS ritualisiert in den Kinositz. Die Lernenden lesen ihre Personenbeschreibung je nach Zeitrahmen in der Anzahl der Leser/innen variierend vor. Die LiV achtet auf die Verständlichkeit des Vortrages. Die SuS geben sich gegenseitig kriterienorientiert mithilfe des Feedbackburgers Rückmeldung und begründen, woran sie den passenden Täter erraten konnten. Mithilfe der Feder-Stein-Methode und passenden Satzanfängen reflektieren einige SuS ihren heutigen Lernprozess.	Plenum, Kinositz, Schülerergebnisse, Lernplakat, Feedbackburger, Smiley-Ampel, Räuberbilder, Federn, Steine, Fragezeichen, Reflexionssatzanfänge (Tafel)
10:43 2 Min.	Abschluss	Die LiV gibt einen Ausblick auf die Überarbeitungsphase in der folgenden Deutschstunde, lässt die SuS die Tische aufräumen und verteilt je nach Stand der Smiley-Ampel ein Wölkchen und beendet die Stunde.	Smiley-Ampel, Wölkchenglas, Wattebällchen

A3 Lernbegleitbogen zu ausgewählten fachlicher und überfachlicher Kompetenzen[33]

Erhebungszeiträume: E1 = Oktober 2018, E2 = April 2019

Abkürzungen: + = trifft voll zu, 0 = trifft manchmal zu, - = trifft selten zu, n.R. = hat aufgrund der Beeinträchtigung keine Relevanz für SuS

Kompetenzbereiche	Die Schülerin/der Schüler...	E1	E2	E1	E2	E1	E2	E1	E2	E1	E2	E1	E2	E1	E2	E1	E2	E1	E2
Texte allein und mit anderen planen, schreiben und überarbeiten	schreibt Texte flüssig.	+	+	0	-	0	+	0	0	-	-	-	-	n.R.		+	+	+	+
	klärt Schreibabsicht und Adressat und setzt daran orientiert die Schreibidee um.	+	+	0	-	+	+	+	0	0	0	-	-	n.R.		+	+	+	+
	bauen unter Anleitung Texte zu realen und fiktiven Ereignissen auf und beachten dabei Textsortenmerkmale.	0	+	0	-	0	-	0	0	0	0	-	-	n.R.		0	+	0	+
Sozialkompetenz	bringt sich konstruktiv in die Lerngruppe ein und kooperiert mit anderen.	+	+	0	-	0	0	0	-	-	-	0	0	-		0	+	+	0

---

[33] Der Lernbegleitbogen bezieht sich auf ausgewählte der für die Unterrichtseinheit relevanten Teilkompetenzen und basiert auf den Kompetenzen des Kerncurriculums Hessen für das Fach Deutsch Primarstufe (2011) im Kompetenzbereich Schreiben sowie überfachlich.

Transparenz der Einheit

Brieftext von Hugo

Hallo liebe Kinder der Klasse,

Ihr wisst ja, dass ich nachts spuke und sicherlich habt ihr von dem Fahrraddiebstahl an der Schule mitbekommen. Als ich gegen Mitternacht durch die Schule flog und aus dem Fenster schaute, konnte ich tatsächlich die Fahrraddiebe beobachten als sie die Fahrräder knackten und mit ihnen davon fuhren!
Ich habe schnell die Gesichter der Räuber gemalt und brauche nun Täterbeschreibungen für die Suche nach ihnen. Gespenster können zwar gut lesen und zeichnen, aber beim Schreiben brauche ich Eure Hilfe.
Ich habe für jeden von Euch ein Täterbild und einen Umschlag mit Papier und Tipps vorbereitet, damit ihr eine Täterbeschreibung verfassen könnt und wir die Diebe schon bald fassen können.

Vielen Dank für Eure Hilfe. Ihr seid super!

Gruselige Grüße,
Euer Hugo Schulgespenst

Differenzierte Schreibaufträge
für Niveaustufen Expertenstandard und Regelstandard

Hier ist mein Auftrag für dich:
1. Schaue dir den Täter ganz genau an!
2. Schreibe eine genaue Täterbeschreibung auf das Arbeitsblatt. Lasse dabei immer eine Zeile frei.
Tipp: Benutze deine <u>Checkliste</u> und deinen <u>Wortspeicher</u>.
Schon fertig? Kontrolliere deine Rechtschreibung mit Strategien oder dem Wörterbuch.
3. Gehe nun zur Haltestelle und tausche deine Täterbeschreibung mit einem Partner. Erratet gegenseitig eure Täter und gebt euch mit der Checkliste und dem Feedbackburger eine Rückmeldung.
Dein Hugo
Hier ist mein Auftrag für dich:
1. Schaue dir den Täter ganz genau an!
2. Schreibe eine genaue Täterbeschreibung auf das Arbeitsblatt. Lasse dabei immer eine Zeile frei.
Tipp: Benutze <u>Checkliste, Wortspeicher und Lernplakat</u> zur Hilfe!
3. Gehe nun zur Haltestelle und tausche deine Täterbeschreibung mit einem Partner. Erratet gegenseitig eure Täter und gebt euch mit der Checkliste und dem Feedbackburger eine Rückmeldung.
Dein Hugo

A5 Literaturverzeichnis

- Bartznitzky, Horst (2000): Sprachunterricht heute. Sprachdidaktik, Unterrichtsbeispiele, Planungsmodelle. Berlin: Cornelsen Verlag.
- Beck, O./Hofen, N. (2003): Aufsatzunterricht Grundschule: konkret. Baltmannsweiler: Schneider Verlag.
- Fix, Martin (2008): Texte schreiben. Schreibprozesse im Deutschunterricht. Paderborn: Verlag Ferdinand Schöningh.
- Hessisches Kultusministerium (2011): Bildungsstandards und Inhaltsfelder. Das neue Kerncurriculum Hessen. Primarstufe. Deutsch: Wiesbaden.
- Krafft, K./Rahm, A. (2003): Aufsatzunterricht Grundschule: konkret. Baltmannsweiler: Schneider Verlag Hohengehren.
- Leisen, Josef (2013): Sprachsensibler Fachunterricht im Fach. Praxismaterialien. Stuttgart: Klett Verlag.
- Lohmann, Gerd ((2015): Mit Schülern klarkommen. Professioneller Umgang mit Unterrichtsstörungen und Disziplinkonflikten. Berlin: Cornelsen Verlag.
- Mattes, Wolfgang (2011): Methoden für den Unterricht. Kompakte Übersichten für Lehrende und Lernende. Paderborn: Schöningh Verlag.
- Payrhuber, Franz-Josef (2009): Schreiben lernen. Texte verfassen in der Grundschule. In: Lange, G./Ziesenis, W. (Hrsg.): Deutschdidaktik aktuell. Band 3. Baltmannsweiler: Schneider Verlag Hohengehren.
- Rosendahl, Julia (2014): So bin ich – einfach einmalig! Sonderpädagogische Förderung Klasse 1-4. Hamburg: Persen Verlag.
- Spitta, Gudrun (1988): Kinder schreiben eigene Texte. Berlin: Cornelsen.
- Wilkening, Monika (2013): Selbst- und Partnerevaluation unter Schülern. Lernwege individualisieren und Kompetenzen steigern. Weinheim und Basel. Weinheim/Basel: Beltz Verlag.

BEI GRIN MACHT SICH IHR WISSEN BEZAHLT

- Wir veröffentlichen Ihre Hausarbeit,
  Bachelor- und Masterarbeit

- Ihr eigenes eBook und Buch -
  weltweit in allen wichtigen Shops

- Verdienen Sie an jedem Verkauf

Jetzt bei www.GRIN.com hochladen und kostenlos publizieren